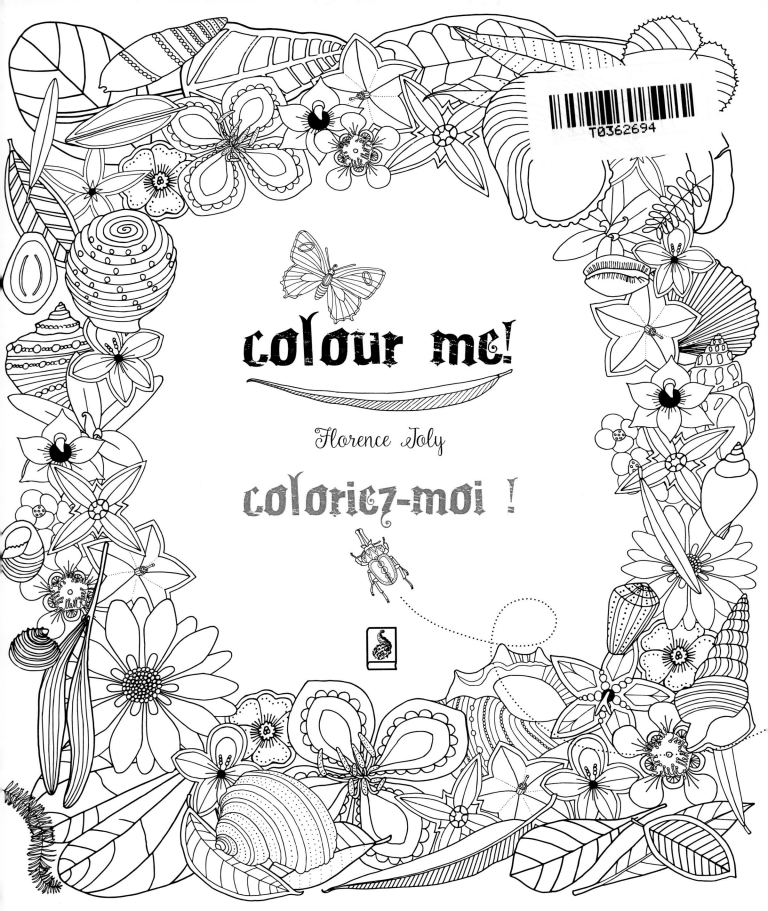

colour me!

Florence Joly

coloriez-moi !

Published by Boolarong Press
655 Toohey Road
Salisbury Qld 4107
Australia
www.boolarongpress.com.au.

ISBN: 9781925236637
Printed in Australia

olouring sends us back to our childhood, it helps us to escape. It's a relaxing activity that focus our attention on filling the empty black and white shapes, all others parasites ideas and worries disappear. The colours create different moods, you can spend as long as you want, hours maybe.

It's an affordable hobby; a book and a few pencils and you are good to go to create your own masterpiece.

I do recommend to use pencils as there is more latitude for colour mixing and shading (and less likely to bleed through the paper).

In the end it's up to you, pens or pencils, just grab them and doodle away…

This book contains 96 pages to detach for easy framing.

Le coloriage nous renvoie à notre enfance, il nous aide à nous échapper. C'est une activité relaxante qui concentre notre attention afin de remplir les formes en noir et blanc, toutes les autres idées parasites et les soucis disparaissent. Les couleurs créent des atmosphères différentes, vous pouvez passer aussi longtemps que vous voulez, des heures même.

C'est un passe-temps économique; un livre et quelques crayons et vous êtes prêts à créer votre chef-d'œuvre.

Je recommande les crayons de couleur car vous pouvez les mélanger et créer de nombreuses nuances (sans traverser le papier).

En fin de compte, c'est votre choix, feutres ou crayons, attrapez-les et gribouillez à loisir…

Ce livre contient 96 pages à détacher.

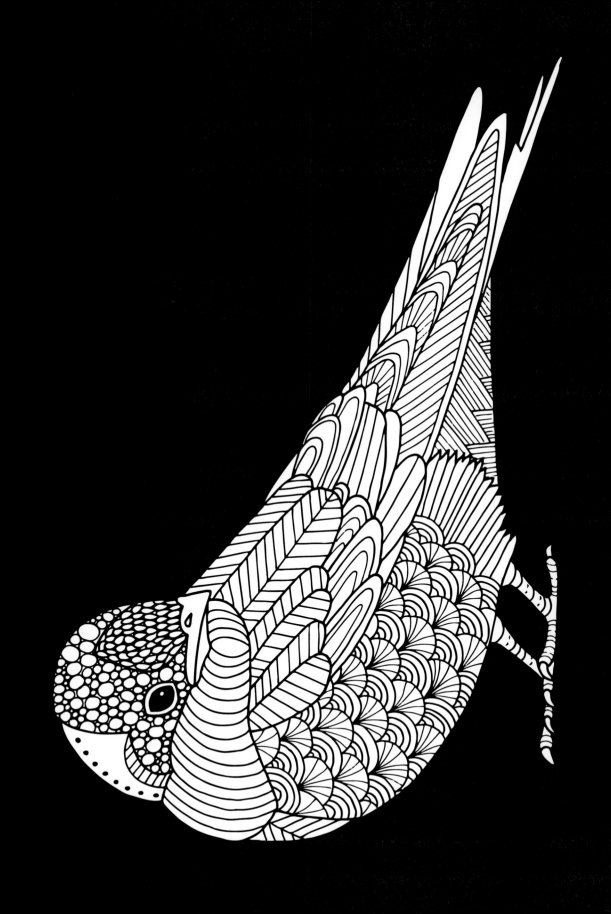

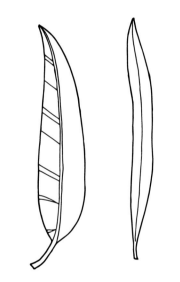

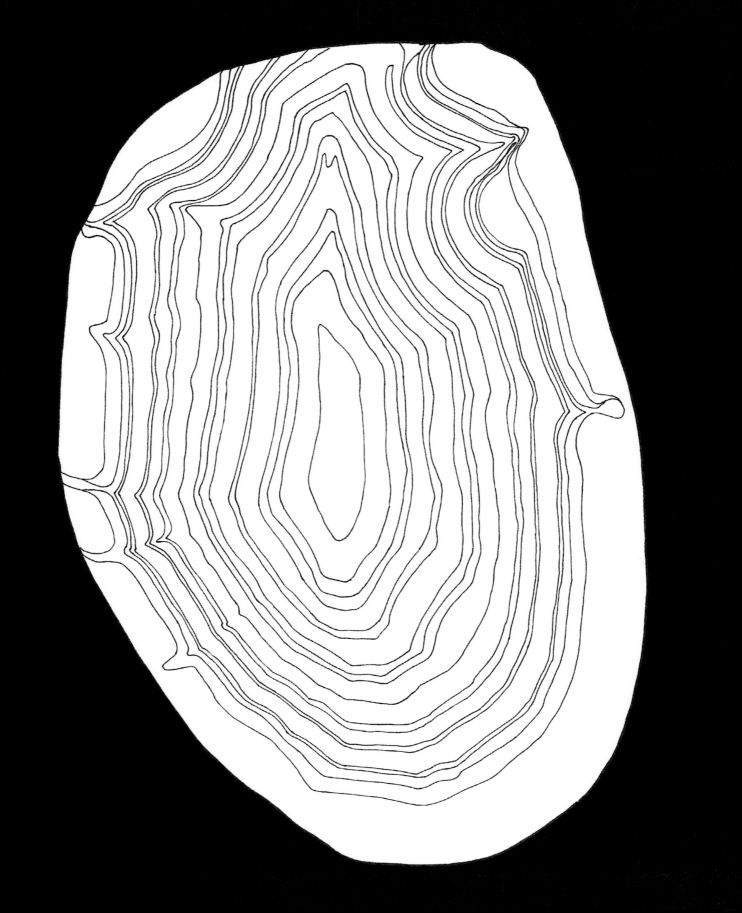

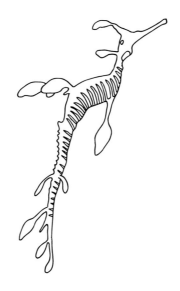

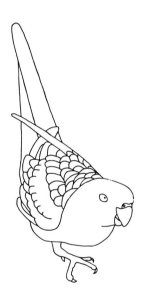

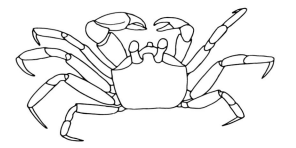

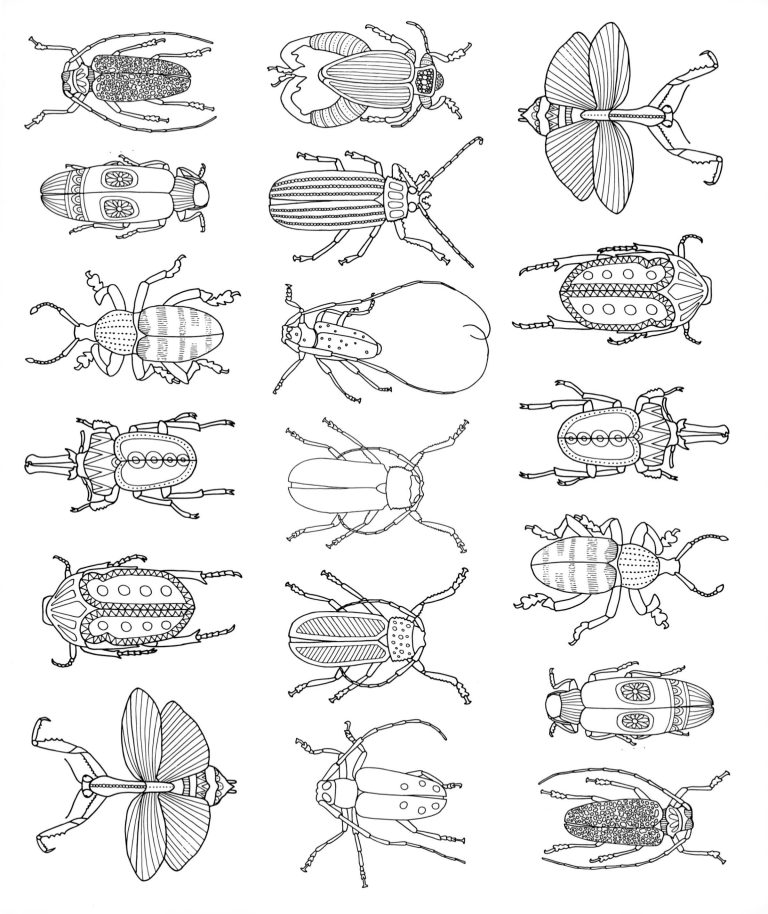

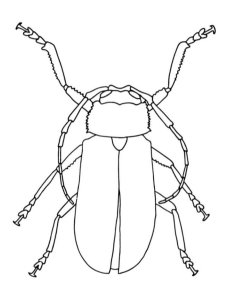

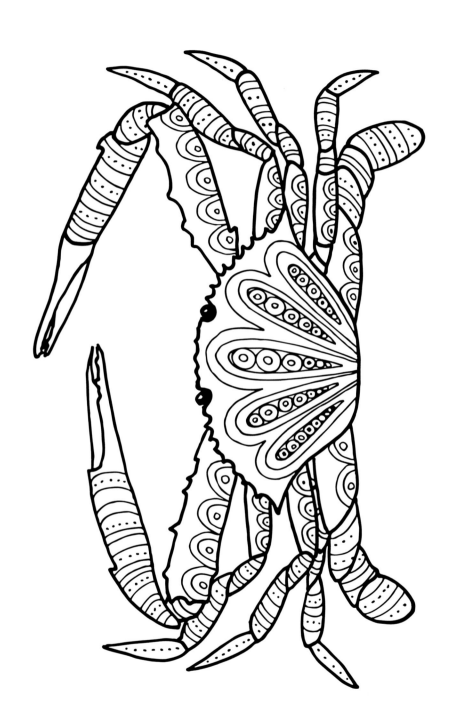

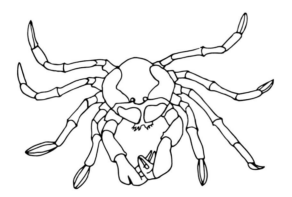

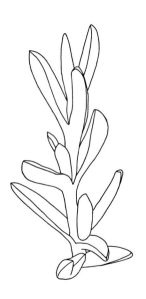

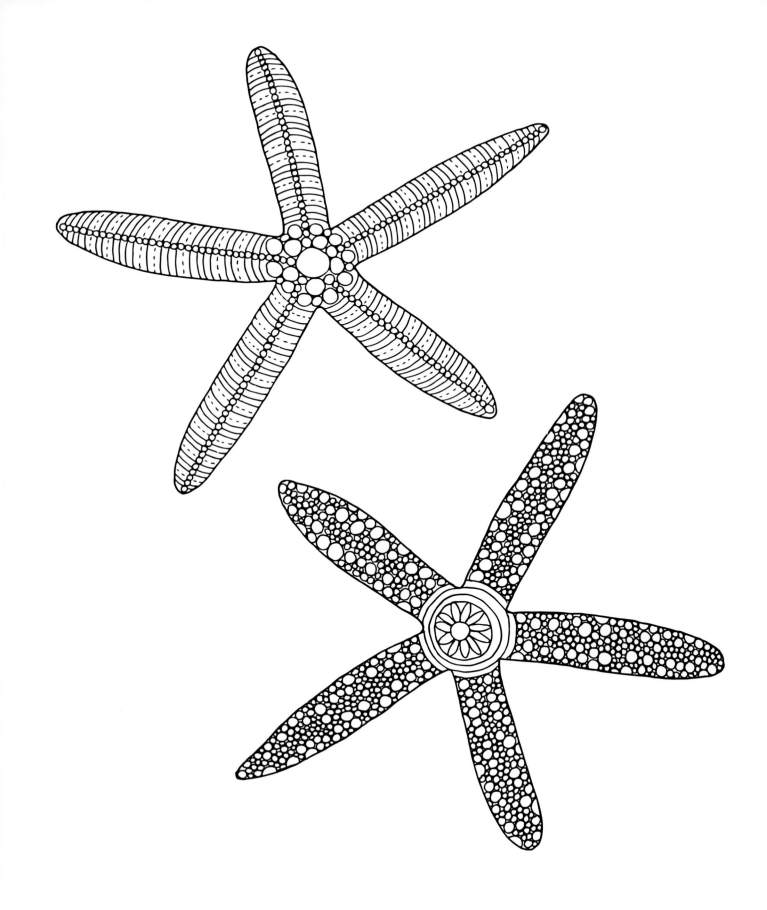

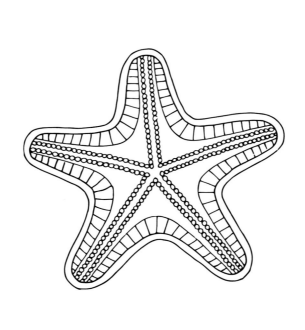

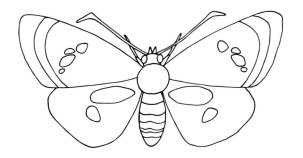

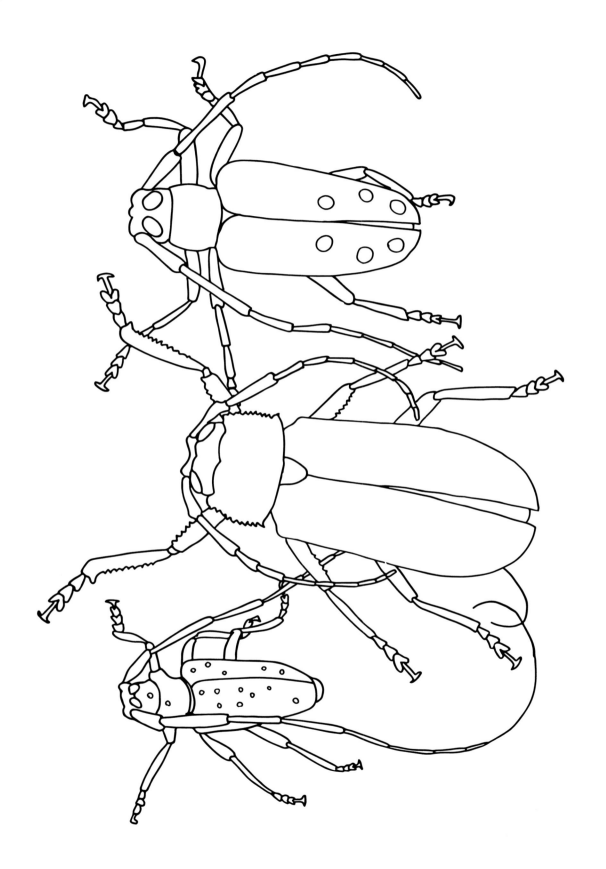

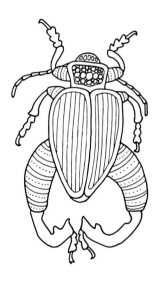

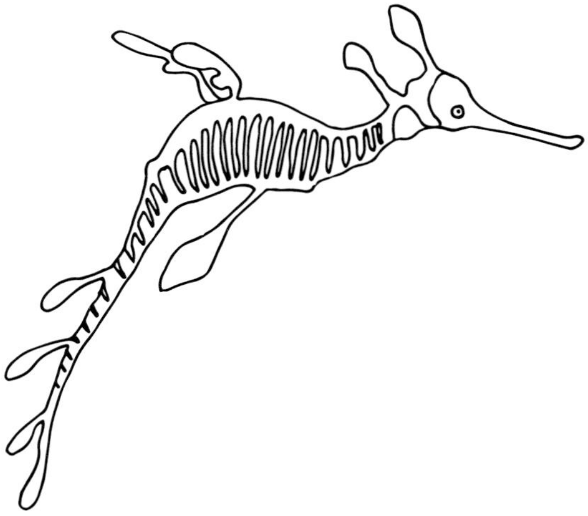

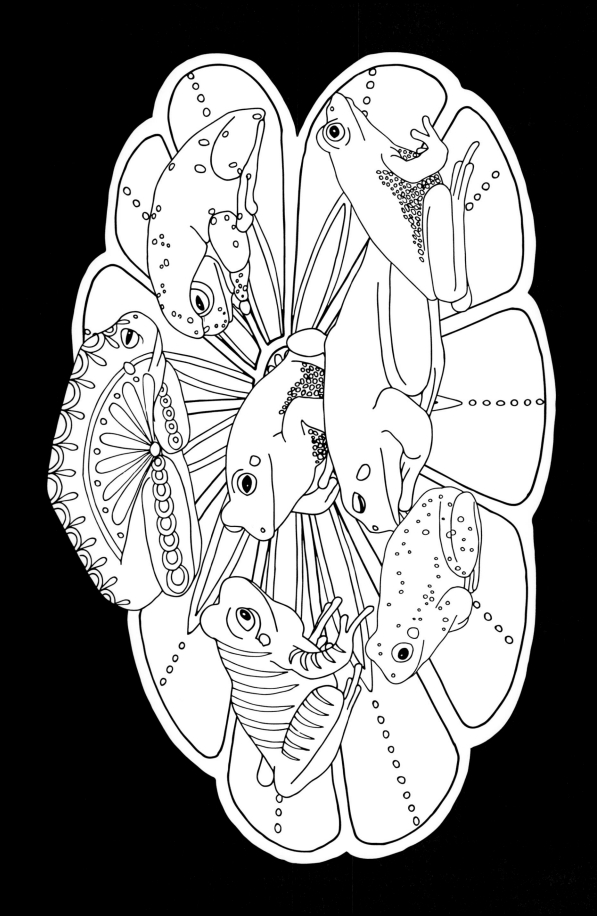

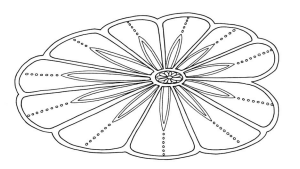

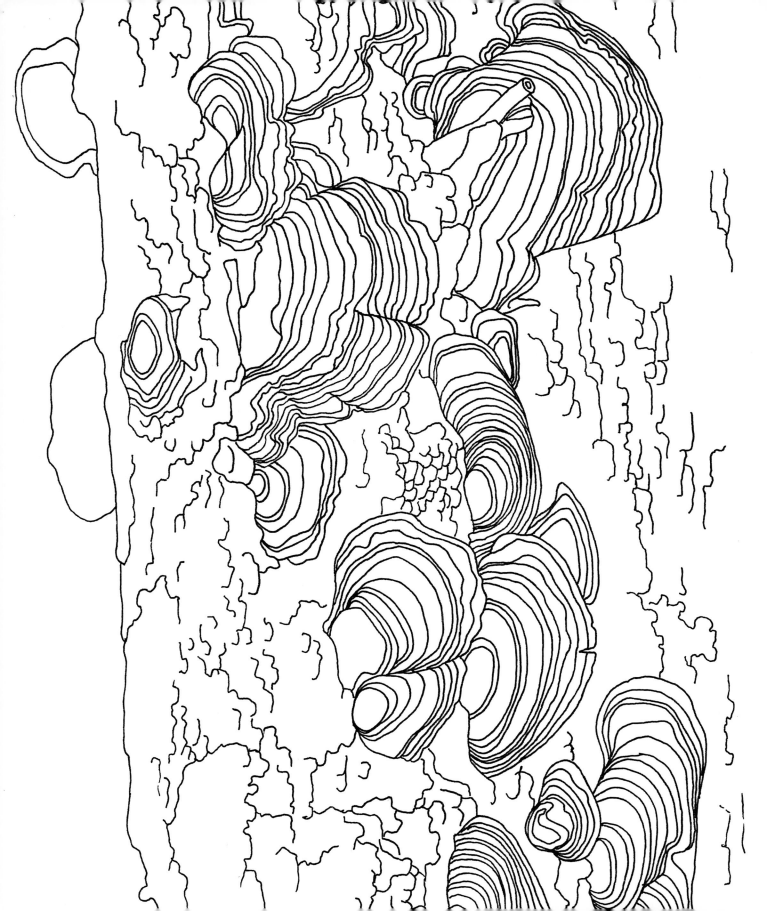

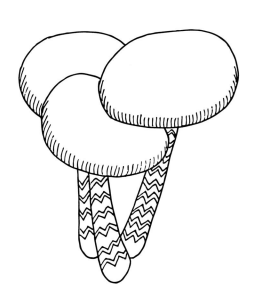

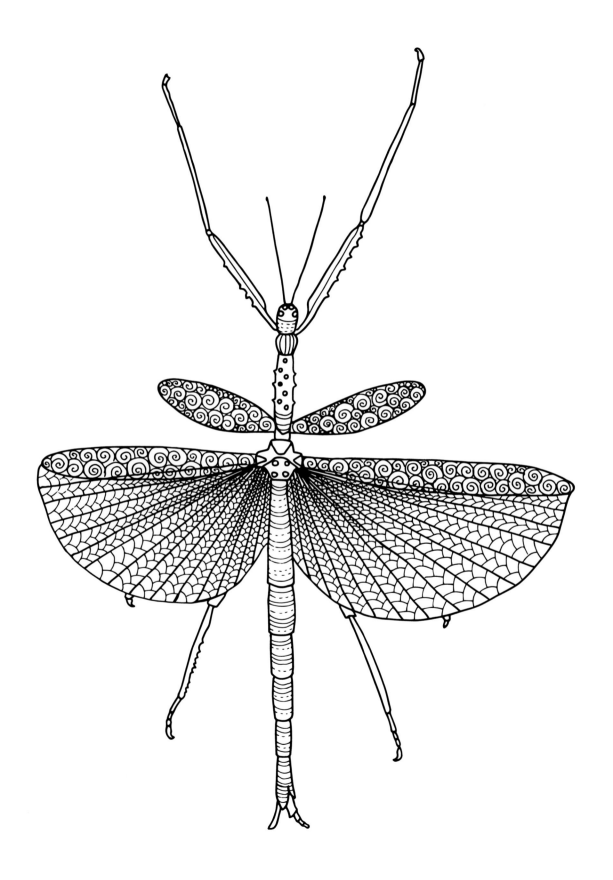

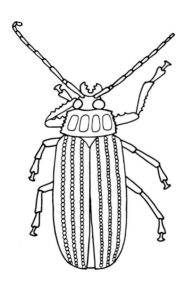

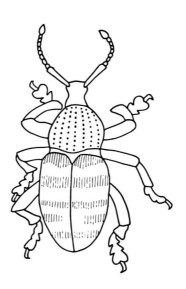

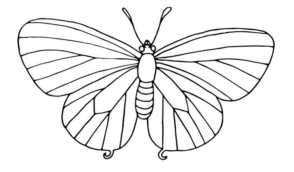

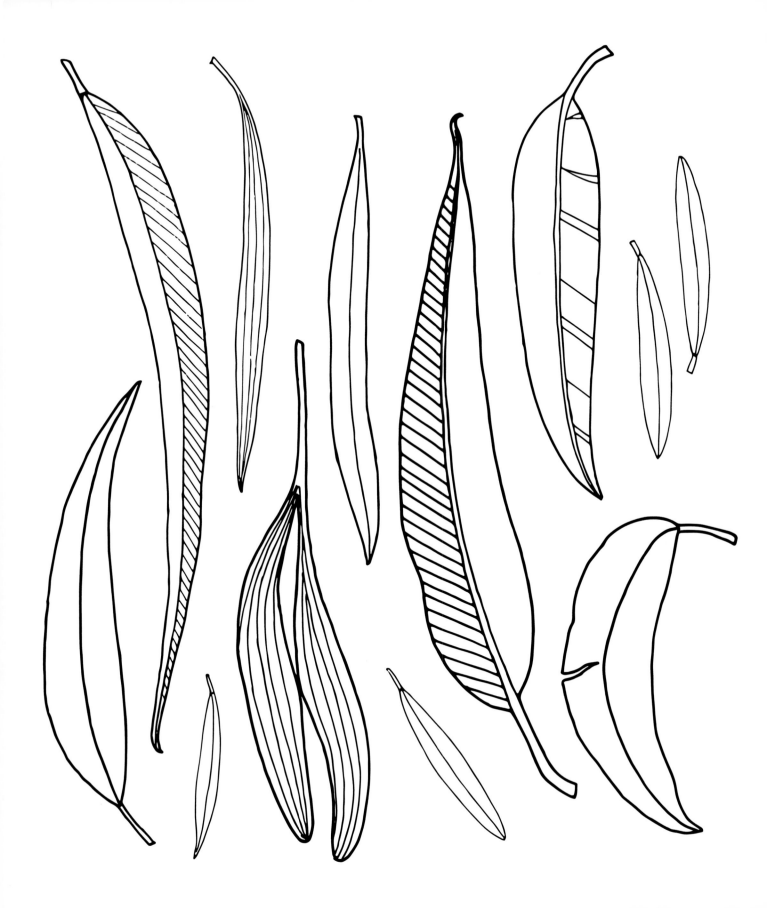

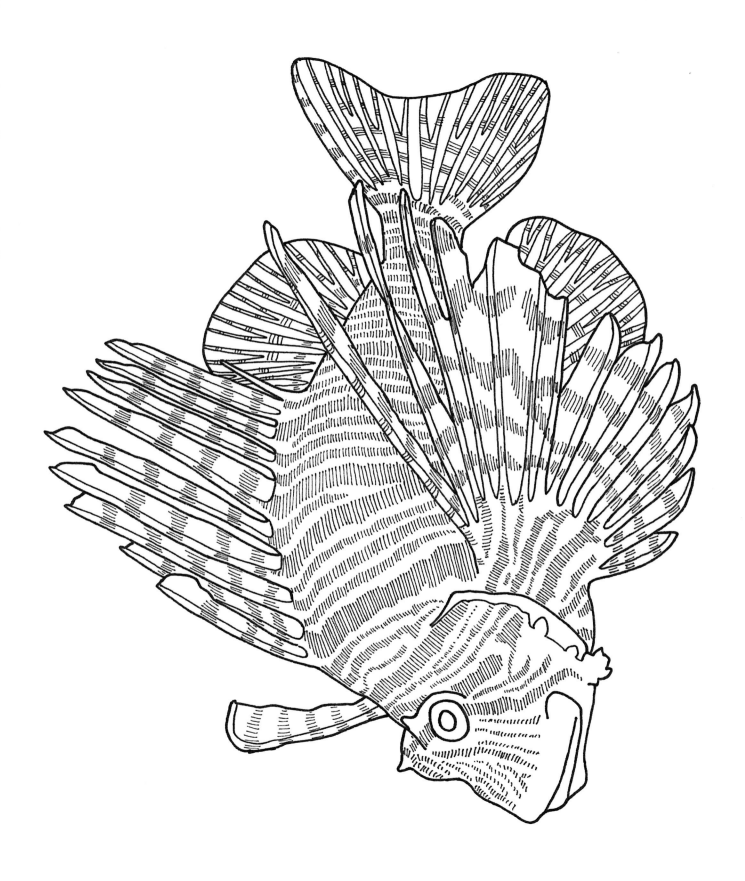

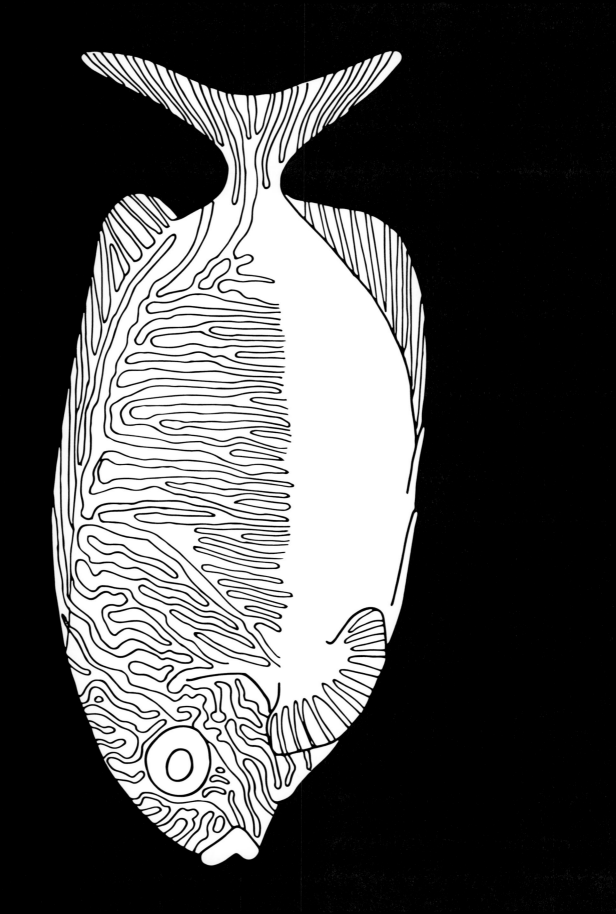

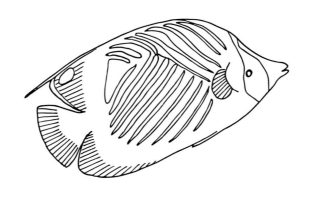

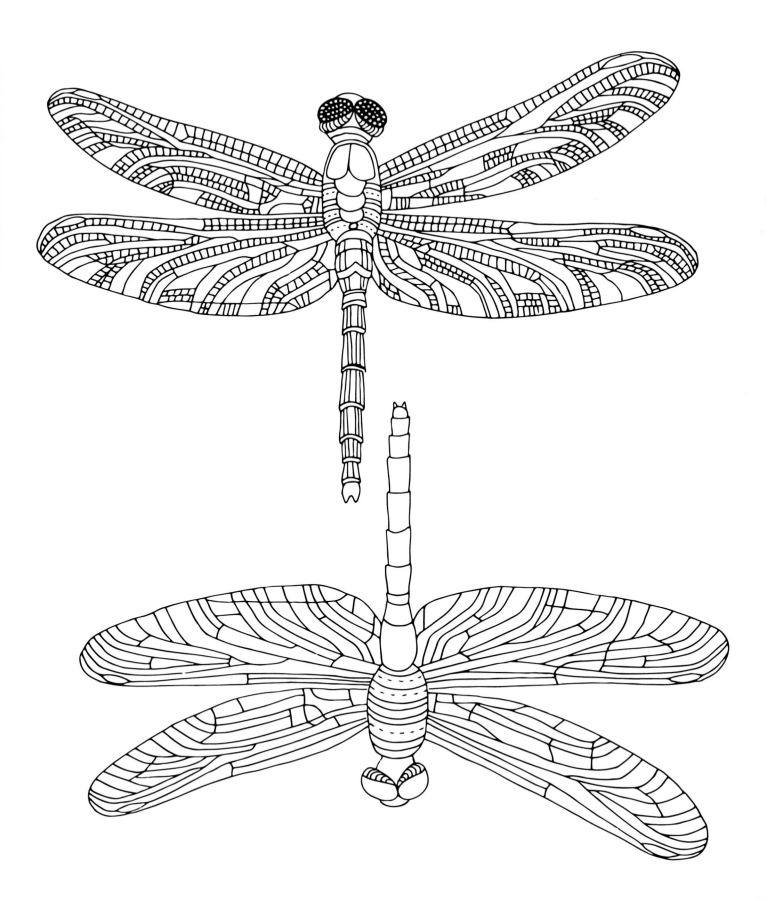

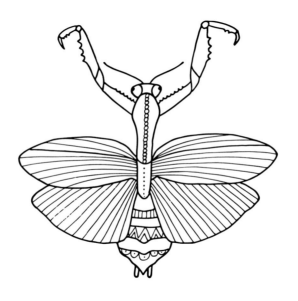

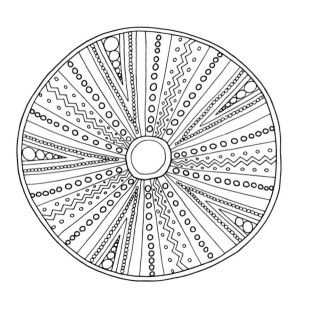

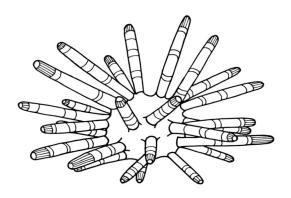

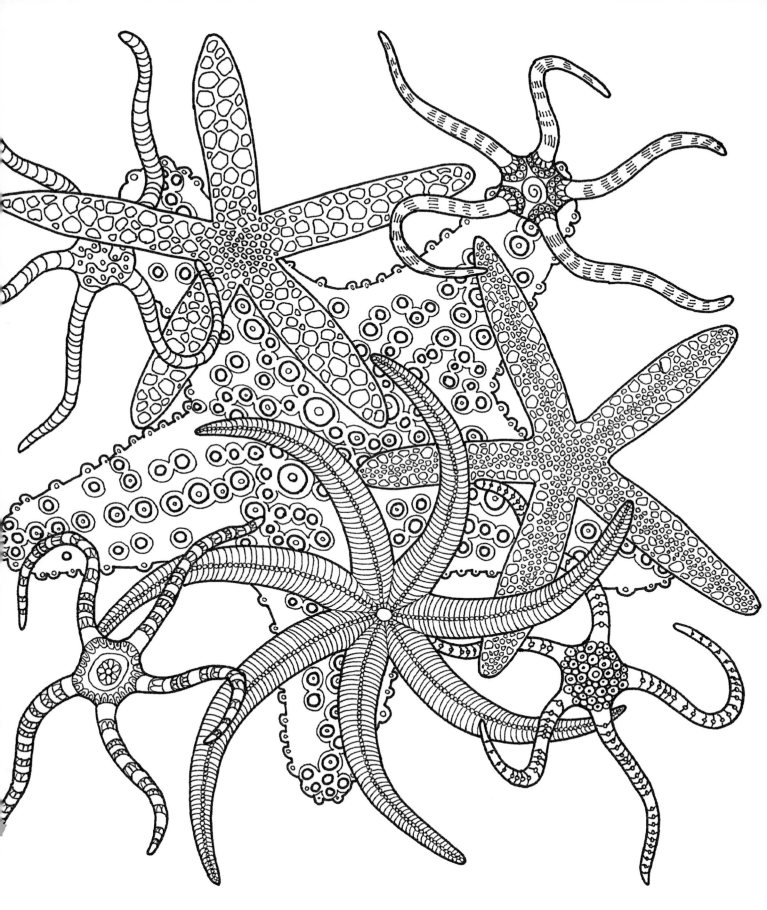

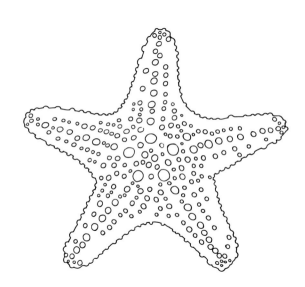

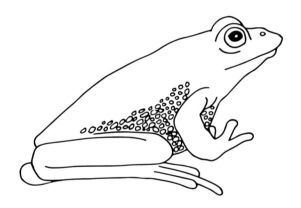

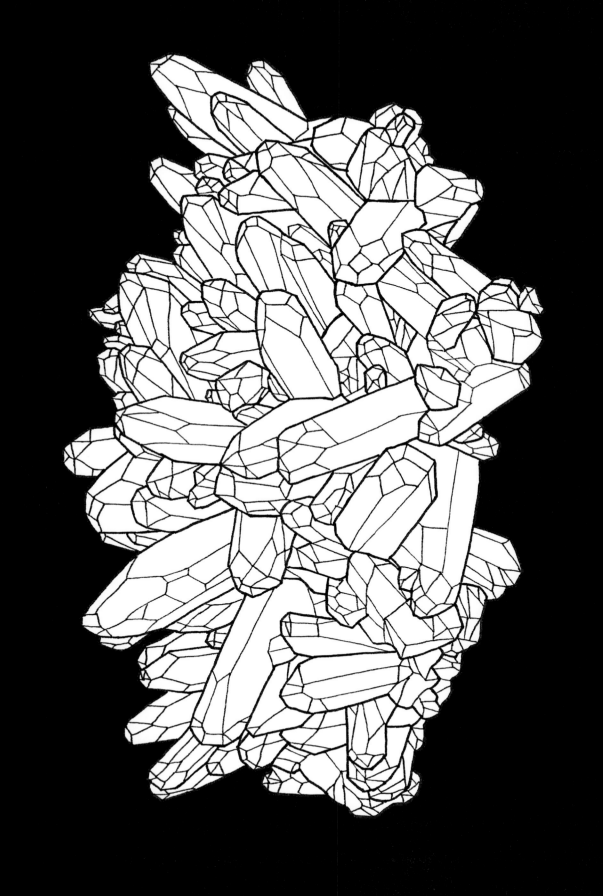

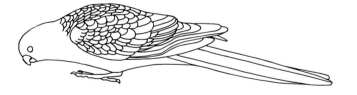

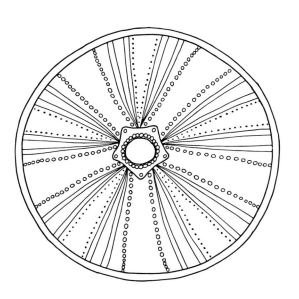

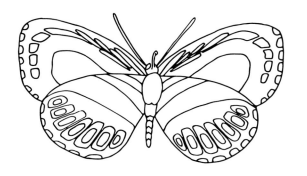